LECTURES CLE EN FRANÇAIS FACILE

LA FABULEUSE AVENTURE DES BLEUS

Dominique Georges
Journaliste sportif

CLE INTERNATIONAL

Crédits photographiques :
Couverture : AI / Reuters / Panoramic
Page 5 : FEP / Panoramic – Page 6 : Fauzan Saari / Unsplash – Page 8 : TAW4 / Adobe Stock – Page 13 : AI / Reuters / Panoramic – Page 22 : IMAGO / PANORAMIC – Page 27 : IMAGO / PANORAMIC – Page 30 : AI / Reuters / Panoramic – Page 39 : DPA / Photononstop – Page 45 : AI / REUTERS / PANORAMIC – Page 50 : Randy Colas/Unsplash

Direction éditoriale : Béatrice Rego
Édition : Sylvie Hano
Couverture : Fernando San Martin
Mise en page : Isabelle Vacher
Enregistrement : Vincent Bund

ISBN : 978-209-031717-6

Imprimé en France en juillet 2019 par l'Imprimerie Laballery, 58500 Clamecy
N° de projet : 10257628 - N° d'impression : 906453
Dépôt légal : janvier 2019

La Nouvelle Imprimerie Laballery est titulaire de la marque Imprim'Vert®

Les mots ou expressions suivis d'un astérisque (*) sont expliqués dans le Vocabulaire, page 54.

1 PROLOGUE – LA PREMIÈRE ÉTOILE

NOUS SOMMES LE 12 JUILLET 1998. Il est 21 h 27. Le public du Stade de France retient son souffle. Emmanuel Petit place le ballon sur le point de corner. Le ballon s'élève. Zinédine Zidane court vers le premier poteau et marque de la tête. Un cri s'élève dans tout le pays. Ce n'est que le début. « Et un, et deux, et trois zéro ! » Ce chant qui s'élève des tribunes restera dans l'histoire. Le Brésil de Ronaldo a perdu.

Les Bleus[1] sont champions du monde de football pour la première fois. Dès le coup de sifflet final, plus d'un million cinq cent mille personnes se rassemble sur l'avenue des Champs-Élysées[2], à Paris. Le portrait de Zidane apparaît sur l'Arc de triomphe[3]. Toute la France danse dans les rues.

1. Les Bleus : c'est le surnom de l'équipe de France de football ; bleu comme le maillot des Français.
2. Avenue des Champs-Élysées : c'est la plus grande avenue de Paris.
3. Arc de triomphe : monument bâtit sous Napoléon ; il est situé en haut de l'avenue des Champs-Élysées, à Paris.

2 1 – BIENVENUE À CLAIREFONTAINE

Comme dans chaque pays qualifié, la composition de la liste fait naître de nombreux débats. Les médias, les réseaux sociaux, tout le monde a un avis et le donne. La France n'y échappe pas. Pendant plusieurs mois, tout le monde a un avis, partage ses choix mais c'est Didier Deschamps, le sélectionneur*, qui a le dernier mot.

Les joueurs vedettes de l'équipe de France comme Antoine Griezmann, Paul Pogba, Hugo Lloris ou Kylian Mbappé n'ont aucune inquiétude sur leur participation, mais d'autres attendent ce moment avec peur.

Jusqu'au dernier moment, il y a des doutes. Le Marseillais Dimitri Payet, blessé pendant la finale de la Ligue Europa le 16 mai 2018, sera-t-il sur la liste ? Les défenseurs Djibril Sidibé (AS Monaco) et Benjamin Mendy (Manchester City), blessés eux aussi, ou l'attaquant du Bayern, Kingsley Coman, ont-ils assez récupéré pour être compétitifs en Russie ?

Le 17 mai 2018 peu après 20 heures, Didier Deschamps met fin au suspens en direct dans le journal d'informations télévisé. Qui sont les vingt-trois joueurs choisis ?

Parmi les absents, il y a Dimitri Payet et Laurent Kocielny (blessés) qui ont beaucoup de regrets. Karim Benzema, le n° 9 du Real Madrid, lui aussi ne fait pas partie de la sélection. Alexandre Lacazette (Arsenal) et Adrien Rabiot (Paris Saint Germain) sont sur la liste des remplaçants* jusqu'à la date du départ. Mais il n'y a pas de blessés. Ils ne partent donc pas pour la Russie. Malgré leur état de forme incertain, Djibril Sidibé et Benjamin Mendy font partie de l'aventure.

Pendant les nombreuses conférences de presse, le sélectionneur explique ses choix. Sa priorité, c'est le groupe,

L'ÉQUIPE DE FRANCE 2018

L'équipe de la finale

Les autres joueurs sélectionnés sont :

Gardiens
Alphonse Aréola (Paris Saint Germain),
Steve Mandanda (Olympique de Marseille).

Défenseurs
Presnel Kimpembe (Paris Saint Germain),
Benjamin Mendy (Manchester City),
Adil Rami (Olympique de Marseille),
Djibril Sidibé (AS Monaco).

Milieux de terrain
Steven Nzonzi (Séville FC),
Corentin Tolisso (Bayern Munich).

Attaquants
Ousmane Dembélé (FC Barcelone),
Nabil Fekir (Olympique Lyonnais),
Thomas Lemar (AS Monaco),
Florian Thauvin (Olympique de Marseille)

c'est la force collective. Il veut 23 footballeurs unis qui vivent bien ensemble. Et pour cela, il ne prend pas forcément les meilleurs à chaque poste.

Depuis l'Euro* 2016 en France, le groupe de joueurs a beaucoup évolué. Pour différentes raisons, il y a eu treize changements : c'est plus de la moitié de l'équipe ! En effet, jusqu'à l'euro 2016, l'équipe de France avait l'habitude de toujours gagner les grandes compétitions à domicile. Lors de l'Euro 1984, la France bat l'Espagne (2-0) ; au Mondial 1998, c'est une victoire contre le Brésil (3-0) ; mais à l'Euro 2016, c'est une défaite contre le Portugal (0-1). La défaite a un goût désagréable pour Didier Deschamps : « C'est cruel de perdre cette finale comme ça… J'aurai besoin de temps pour digérer. »

Le 22 mai 2018, les joueurs choisis par Didier Deschamps arrivent en fin d'après-midi au château de Clairefontaine[4]. Ils sont tous là, sauf un. En effet, le 26 mai, Raphaël Varane doit disputer la finale de la Ligue des Champions. C'est sa troisième finale de suite avec le Real Madrid. Ce sera aussi sa troisième victoire sous la direction de Zinédine Zidane, le héros de 1998.

Gros travail physique

Dans une compétition aussi longue que la Coupe du Monde la préparation physique est une arme. Le staff[5] de l'équipe de France prépare un programme pour chaque joueur. Les joueurs doivent être en bonne condition physique après une longue saison en club. Le 10 juin à 14 h 45, les vingt-trois joueurs et les vingt membres de l'équipe d'encadrement

---

4. Château de Clairefontaine : centre d'entraînement des équipes nationales de football situé à l'ouest de Paris (60 km).
5. Le staff : toutes les personnes qui s'occupent des joueurs.

décollent de l'aéroport de Lyon pour rejoindre la Russie. À l'arrivée, la délégation française se dirige vers Istra, une ville située à une soixantaine de kilomètres à l'ouest de la capitale russe, Moscou. Elle a choisi de s'installer dans un hôtel dans les bois. Les derniers préparatifs se font dans ce lieu isolé. Le premier match de la compétition aura lieu contre l'Australie, le samedi suivant.

3 Hugo Lloris : capitaine et gardien

Hugo Lloris (31 ans) est le capitaine des Bleus depuis 2010. Il est le gardien de but*. Il a tenu en premier le prestigieux trophée sur la pelouse du stade Loujniki. Cette image frappe les esprits. Plus d'un milliard de personnes l'ont vue en direct !

Mais la FIFA élit le Belge Thibaut Courtois comme meilleur gardien de la Coupe du Monde. L'analyse des chiffres montre un résultat identique : 6 buts encaissés[6] chacun et 3 matches sans prendre de but. Le gardien français n'est pas choisi car il a fait une grosse erreur : il a voulu dribbler* l'attaquant croate Mandzukic en finale. Cette erreur a coûté un but à la France. Sinon, son tournoi est un sans-faute. Hugo Lloris est un cran au-dessus du Belge sur l'ensemble de la compétition. Le capitaine tricolore est décisif aussi bien dans les matches de groupe (contre l'Australie et le Pérou) que lors des matches à élimination directe (contre l'Uruguay, puis la Belgique). Sur sa ligne de but, c'est l'un des meilleurs spécialistes. Il possède des réflexes étonnants.

Avec 104 sélections (et 47 sans encaisser de but), Lloris se classe 6e, derrière les anciens champions du monde : Patrick Vieira (107 sélections), Zinédine Zidane (108), Marcel Desailly (116), Thierry Henry (123) et Lilian Thuram (142). Et sa carrière en bleu est loin d'être terminée.

---

6. Encaisser un but : prendre un but.

4 2 – LES DERNIERS RÉGLAGES

Avant de faire ses valises pour la Russie, l'équipe de France commence par jouer les éliminatoires, dès 2016. Les Bleus sont dans le groupe A de la zone Europe. Ce groupe est composé de la Biélorussie, des Pays-Bas (Hollande), de la Suède, de la Bulgarie et du Luxembourg.

Le parcours de l'équipe de France n'est pas aussi brillant que celui de l'Allemagne ou de l'Angleterre. Les Bleus perdent en Suède (2-1) à cause d'un but encaissé dans la dernière minute. Hugo Lloris fait une grosse erreur : il donne le ballon à l'attaquant Suédois Toivonen qui marque dans le but vide ! La France fait aussi un match nul très surprenant, à domicile, contre l'équipe du Luxembourg (0-0). En effet, les Tricolores[7] dominent pourtant le jeu : 76 % de possession de balle, 34 tirs (9 cadrés), 635 passes réussies... Pour donner une meilleure idée de cette triste performance, c'est la première fois depuis 1914 que la France ne gagne pas contre le Luxembourg ! L'équipe de France doit donc se battre jusqu'à la dernière journée pour écarter la Suède (1re la France avec 23 points, 2e la Suède avec 19 points).

Une fois ce contrat rempli, le sélectionneur fait ses derniers réglages. Pour cela, trois matches amicaux* sont au programme entre le 28 mai et le 9 juin 2018. Les trois matches sont disputés en France. C'est l'occasion pour le public de venir découvrir l'équipe de France qui partira pour le Mondial. Les matches se déroulent dans trois stades différents : France vs Irlande à Paris (Stade

7. Les Tricolores : les Français. C'est une référence au drapeau français qui a trois couleurs (bleu, blanc, rouge).

de France), France vs Italie à Nice (Allianz Riviera) et le dernier face aux États-Unis à Lyon (Groupama Stadium). Aucune des trois équipes choisies n'est qualifiée pour le Mondial en Russie.

L'Irlande ne pose pas de gros problème aux Français. Cette équipe peu efficace en attaque ne réussit jamais à marquer. Malgré l'orage et les mauvaises conditions de jeu, les Bleus séduisent sur le plan collectif et individuel face à un adversaire peu dangereux. Les deux arrières latéraux Sidibé et Mendy rassurent. Fekir est à l'origine des deux buts marqués. Victoire 2-0.

Bleus contre bleus

Quatre jours plus tard, les Bleus retrouvent d'autres bleus, ceux de la Squadra Azura[8]. L'équipe italienne est en grande souffrance. Pour la première fois depuis 1958, l'Italie ne disputera pas le Mondial. C'est une catastrophe sportive pour un pays déjà quatre fois champion du monde. Deuxième de leur groupe derrière l'Espagne, les Italiens se sont fait éliminer lors du match de barrage* par… les Suédois.

À Nice, les attaquants Français démontrent leurs grandes qualités. Griezmann, Dembélé et Mbappé multiplient les occasions et font souffrir la défense italienne. Au coup de sifflet final, c'est une large victoire pour la France (3-1).

Après cette victoire sur l'Italie, sur la Côte d'Azur[9], le public de Lyon s'attend à une belle démonstration de force. Hélas, sans doute fatigués par l'enchaînement des trois matches, les Bleus ne sont pas performants. Les Français sont menés

---

8. Squadra Azura : c'est le surnom de l'équipe d'Italie. C'est une référence à la couleur bleue de son maillot.
9. Côte d'Azur : nom donné à une partie de la côte donnant sur la mer méditerranée. Monaco, Nice, Cannes sont situés sur la Côte d'Azur.

après l'ouverture du score par l'Américain Julian Green sur un centre précis de Shaq Moore. Il faut attendre le dernier quart d'heure pour voir une réaction de l'équipe de France. C'est Kylian Mbappé qui égalise sur un centre de Benjamin Pavard. L'attaquant parisien est efficace, c'est prometteur avant la compétition. Mais le collectif de l'équipe n'est pas très rassurant. Didier Deschamps et son équipe technique ont encore beaucoup de travail.

5 Paul Pogba : chef de file

Lorsque Paul Pogba (25 ans) est aligné au côté de N'Golo Kanté, l'équipe de France ne perd pas ! Cela se vérifie une fois de plus en Russie. Paul Pogba devient un grand joueur d'équipe et un personnage important dans le collectif tricolore. Il est l'homme fort de l'équipe de France. La star de Manchester United change son jeu, il est de plus en plus efficace.

Déjà désigné « meilleur jeune » de la Coupe du Monde 2014 au Brésil, Pogba est un des piliers des Bleus sur le terrain. Ses qualités sont : le jeu de passe, la finesse technique, la puissance de sa frappe, le dribble, et son envie de défendre. Il gagne 32 duels à partir des huitièmes de finale (le record de la compétition).

Sa grande force, c'est sa mobilité. Paul Pogba est rassuré par la présence de N'Golo Kanté à ses côtés : il peut se déplacer, anticiper, changer de zone. Les deux hommes sont complémentaires et différents : le grand et le petit, le démonstratif et le timide, le technicien et le gratteur de ballons[10].

De plus, pendant cette compétition, le milieu de terrain trouve une relation privilégiée avec l'attaquant Kylian Mbappé. Au fur et à mesure des matches, Paul perd de moins en moins de ballon et gagne de plus en plus de duels.

Dans le vestiaire, sur le terrain, il n'hésite pas à prendre la parole pour motiver ses coéquipiers. Il est enfin devenu un patron !

---

10. Gratter un ballon : prendre, arracher un ballon dans les pieds de l'adversaire.

6 3 – BIENVENUE À ISTRA

Dans l'équipe de France, personne n'a jamais mis les pieds à Istra. C'est une ville calme, peu connue… Pourquoi ce choix ? C'est d'abord pour une raison géographique. Istra est située à une soixantaine de kilomètres au nord-ouest de Moscou et elle est proche par la route du grand aéroport de Cheremetievo. Lors d'une coupe du monde très éclatée[11], il faut éviter les longues distances. L'idée est de réduire les temps de voyage et que les joueurs récupèrent mieux après les matches. Par exemple, pour les trois matches du premier tour, les Bleus se sont rendus à Kazan pour jouer l'Australie, puis à Ekaterinbourg pour jouer le Pérou et enfin à Moscou pour jouer le Danemark.

L'équipe de France est logée au Hilton Garden Inn Moscow New Riga. L'établissement occupe 14 hectares et il est situé sur le terrain d'une ancienne colonie de vacances du mouvement des jeunesses communistes. La Fédération a repéré cet hôtel quatre étoiles un peu plus d'un an auparavant. Le choix du lieu et de l'hôtel sont restés secrets jusqu'au tirage au sort du premier tour. Confortable et pratique, l'hôtel possède 164 chambres, une salle de cinéma, une piscine, deux courts de tennis, un spa et une petite salle de fitness.

Cet hôtel est éloigné d'Istra et il est aussi à l'abri des regards. Il est entièrement réservé à l'équipe de France et il est interdit d'accès au public et aux journalistes. Petite curiosité, le centre de presse est situé dans le splendide

11. Les matches se déroulent un peu partout dans le pays.

monastère de la Nouvelle Jérusalem, fondé au XVIIe siècle. C'est là que l'Équipe de France vient faire régulièrement le point avec la presse. Les veilles de match, les conférences de presse se déroulent dans le stade qui accueille la rencontre.

Pour se rendre sur son lieu d'entraînement, l'Équipe de France doit faire un trajet en bus d'un quart d'heure jusqu'au stade construit à Glebovski. C'est un petit stade entouré de murs en tôle et de bâches pour éviter les caméras pendant les entraînements.

Coupés du monde

Un mois complet d'enfermement ! Les Bleus n'ont pas grand chose à faire en dehors de l'entraînement. Pendant la compétition, ils ont eu le droit à une seule sortie en boîte de nuit[12] à Moscou – autorisée par le coach – après la victoire contre l'Argentine.

Dans leur grand hôtel transformé en camps de vacances, les Tricolores vivent bien ensemble. « J'aurais même pu vivre un mois de plus avec eux, ça se passe tellement bien. », confie Samuel Umtiti. Les joueurs ne sortent jamais du domaine et ils ne rencontrent jamais un seul habitant de la ville. « On n'a pas beaucoup côtoyé les gens d'Istra... Mais le personnel de l'hôtel est gentil avec nous. », raconte Raphaël Varane. La présence de l'équipe de France ne provoque aucun mouvement de foule.

Avec le recul, il s'agissait de l'endroit parfait pour que les Français restent concentrés sur la compétition, loin de la joie qui éclatait en France après chacune de leur victoire. Ils ont pu créer cet esprit de groupe incroyable qui les a portés vers la victoire.

---

12. Une boîte de nuit : une discothèque.

D'autres sélections ont fait le choix du confort. Les Brésiliens, par exemple, profitent de leur temps libre pour boire des jus de fruit près des plages de Sotchi... La Fédération Française de Football (FFF) préfère l'isolement. « C'est la volonté du coach et de la Fédération. Les Bleus sont très protégés, mais c'est plutôt pas mal. », explique Noël Le Graët, le président de la fédération, avant le début du Mondial. Après la finale, Didier Deschamps a salué ce choix : « On avait besoin de tranquillité. »

Le sélectionneur sait que son équipe est devenue une famille dans ce lieu loin de tout. Les activités en commun, les discussions permettent aux joueurs de se rapprocher les uns des autres. Chacun joue son rôle. Steve Mandanda et Blaise Matuidi sont les sages, par contre Adil Rami et Benjamin Mendy mettent l'ambiance. Pour la musique, on fait confiance à Presnel Kimpembe.

Avant de rejoindre Moscou pour disputer la finale, les Français disent adieu à cette ville. Une ville dans laquelle ils ne retourneront jamais, mais à laquelle ils penseront pour toujours.

7 Lucas Hernandez : appelé de dernière minute

Ce défenseur âgé de 22 ans est né à Marseille. Et même s'il a vécu longtemps en Espagne, Lucas a joué dans toutes les équipes de France jeunes (-16 ans, -18 ans, -19 ans, -20 ans et espoirs).

Il a joué au Rayo puis à l'Atlético de Madrid. Son entraîneur Diego Simeone en a fait un des meilleurs défenseurs de la Liga. Hernandez est combattif, rapide et capable de donner des centres précis à ses attaquants.

Didier Deschamps remarque vite ses performances. Il le sélectionne une première fois en mars 2018, peu de temps avant le Mondial. Lucas Hernandez réussit cet examen de passage lors du match amical contre la Colombie.

Rassuré par le potentiel de ce jeune joueur, le sélectionneur français n'hésite pas à mettre Hernandez sur sa liste : « Je le prends pour jouer à gauche. En espoirs, il est à ce poste-là aussi. Il joue autant défenseur* central que latéral, voire plus latéral, avec l'Atlético de Madrid. C'est un jeune joueur, mais qui est déjà habitué aux compétitions internationales, il n'arrive pas là par hasard. »

La blessure au genou de Djibril Sidibé en fait un titulaire indispensable au poste de latéral gauche. Lucas Hernandez est au début d'une longue carrière internationale.

8 4 – LA QUALIFICATION ET L'ENNUI

Dans un Mondial de football, il y a deux compétitions : d'abord la phase de groupe[13] puis les matches à élimination directe. Ce mini-championnat avec quatre équipes est toujours très dangereux. Lors de chaque édition, au moins une grande équipe ne se qualifie pas.

En 2002, la France championne en titre a connu cette humiliation[14]. Les champions du monde sont battus dès le premier match par l'équipe du Sénégal (1-0) puis par le Danemark (2-0). Ils quittent la Corée du Sud la tête basse.

En 2018, personne n'était capable de prédire que la Mannschaft, l'équipe d'Allemagne quatre fois championne du monde, serait éliminée d'entrée. C'est donc la Suède et le Mexique qui ont joué les huitièmes de finale. Avant d'arriver en Russie, l'équipe de Joachim Löw a réussi l'exploit de remporter tous ses matches dans le groupe C (10 victoires) pour se qualifier. Classée n° 1 par la FIFA*, cette équipe figure parmi les grands favoris de la compétition. Et puis tout s'écroule par manque d'efficacité devant le but.

Tous les entraîneurs du monde connaissent ce danger. Mais comment gérer une compétition à deux vitesses ? Tout d'abord, il y a une équipe qui se constitue, des joueurs qui apprennent à jouer ensemble. Ensuite, il y a des joueurs qui découvrent la Coupe du Monde. Perdre un match en poule n'est pas éliminatoire. Mais l'enjeu et la pression sont différents.

---

13. La phase de groupe : ce sont les matches de poules. En Russie : il y a 8 groupes de 4 équipes (A à H). Les deux premières équipes de chaque groupe sont qualifiées pour les seizièmes de finale.
14. Humiliation : c'est avoir honte, être vexé.

De plus, les joueurs ne sont pas toujours à 100 % de leurs moyens physiques. Les équipes qui ne sont pas parmi les favorites jouent chaque match à fond. Les autres gèrent une compétition pour aller jusqu'en finale.

Premier du groupe

En général, la première composition de l'équipe donne le ton. Didier Deschamps a fait ses choix pour le premier match. Il choisit de jouer en 4-3-3[15]. Il écarte deux anciens : Olivier Giroud et Blaise Matuidi. Il intègre Ousmane Dembélé à gauche et Corentin Tolisso en milieu de terrain. Ces deux jeunes joueurs disputent leur première Coupe du Monde. Ils connaissent des débuts difficiles dans une équipe de France qui tourne au ralenti.

Face à l'Australie, Didier Deschamps demande à ses joueurs de courir, de presser* ensemble et de se replier. Les consignes sont vite oubliées. Pas de vitesse, pas de mouvement : l'équipe d'Australie commence à croire à la victoire…

Antoine Griezmann ouvre la marque à la 58e minute : il transforme le tir au but. Puis les Jaunes reviennent rapidement au score. Une faute de main stupide de Samuel Umtiti est sanctionnée par l'arbitre*.

Les Bleus se rassemblent en cercle autour d'Antoine Griezmann et ils se parlent. « On s'est dit qu'il fallait défendre, être solides et surtout être un groupe. », explique le défenseur Lucas Hernandez.

Didier Deschamps fait des changements. Il fait entrer Giroud, Fekir et Matuidi à la place de Griezmann, Dembélé et Tolisso. « Aucun joueur n'aime sortir, confie Antoine Griezmann, mais les trois entrants nous ont fait

15. Disposition des joueurs sur le terrain.

du bien. » Cela s'est traduit sur la feuille de match*. Pobga s'appuie sur Giroud qui lui remet le ballon. Le tir du milieu de terrain légèrement dévié touche la barre et franchit la ligne (2-1, 81e)[16].

Cinq jours plus tard, la France joue son deuxième match contre le Pérou. Ce match est décisif. Une victoire assure aux Bleus la qualification.

Le coach change de tactique. Cette fois Olivier Giroud et Blaise Matuidi sont dans le onze de départ. Retour au système en 4-2-3-1, comme lors de l'Euro 2016. Dans un stade entièrement envahi par les supporteurs péruviens[17], les Bleus montrent des progrès. Le bloc est plus solide et N'Golo Kanté fait du NG[18] : il court partout.

À la 34e minute Pogba donne le ballon à Giroud. Son tir, dévié par un défenseur, lobe* le gardien et Kylian Mbappé finit le travail.

Mais la seconde mi-temps* n'est pas à l'image de la première. Les Français reculent, perdent le ballon très vite, se mettent en danger. Hugo Lloris fait un arrêt* décisif sur le tir d'Aquino. Les Bleus sont qualifiés dans la douleur pour les huitièmes de finale (1-0). Le 26 juin, le match contre le Danemark est affreux (0-0). Un trou noir. Rien à en dire, rien à décrire. Aucune des deux équipes ne veut perdre. Au final, c'est un match nul, très nul. « Dieu merci, c'est fini ! », écrit un journaliste du *Daily Telegraph*. *Die Zeit*, journal allemand, va encore plus loin : « La honte de Moscou ».

Dans ce match, Didier Deschamps a laissé plusieurs titulaires au repos. La France se qualifie et termine première

---

16. 81e : signifie que le but est marqué à la 81e minute.
17. Péruviens : les habitants du Pérou.
18. NG : c'est le surnom de N'Golo Kanté.

de son groupe pour la quatrième fois de son histoire (1958, 1998, 2014). Il faut vite oublier ce premier tour poussif pour penser au match suivant. Pour éliminer Lionel Messi et ses coéquipiers[19], il va falloir sortir le grand jeu.

19. L'équipe d'Argentine.

9 Benjamin Pavard : un but de légende

Un an avant la Coupe du Monde 2018, personne ne connaît Benjamin Pavard. En 2017, il jouait en D2 à Stuttgart (Allemagne). Puis tout est allé très vite. Le 10 novembre 2017, il joue son premier match avec l'équipe de France contre le pays de Galles. Sa prestation sur un poste qui n'est pas le sien attire l'attention de Didier Deschamps.

Fils unique, né dans le Nord de la France, Benjamin quitte très tôt sa famille, comme beaucoup de footballeurs. Au début, il joue attaquant, puis progressivement il recule. Il est d'abord n° 6, puis il devient défenseur central à l'âge de 19 ans. C'est un poste qu'il aime bien. Sa taille, son sens de l'anticipation, son jeu de tête et sa technique sont mis en valeur.

Ce jeune joueur (22 ans) se révèle au monde entier lorsqu'il marque ce but venu d'ailleurs à la 57e minute des huitièmes de finale contre l'Argentine : une demi-volée* de l'extérieur du pied droit qui a trompé Armani, le gardien argentin. À ce moment du match, l'Argentine mène au score grâce à un tir de Lionel Messi détourné par Mercado. Mais Pavard redonne espoir à l'équipe de France.

« Quand je vois le ballon arriver, mon cœur fait boum, boum, boum, confie Benjamin. Je me couche au maximum et au moment de la frappe je me dis qu'il ne faut pas tirer trop fort. » Et pourtant quelle trajectoire, quelle puissance !

Après le but du 2-2, le défenseur éclate de joie, il court sur le terrain et se fait rejoindre par tous les Bleus. Sa frappe va rester dans l'histoire. Pour preuve, la FIFA a élu ce geste « plus beau but » de la compétition.

10 5 – SUR LA ROUTE DE MESSI

LE CHAMPION DE TENNIS ÉCOSSAIS, Andy Murray, qui joue dans le tournoi de Wimbledon le 30 juin 2018, pense au Mondial au moment de répondre aux questions des journalistes : « Je n'arrive pas à croire que je rate ce match ! Quel est le score ? 3-2 ? Non 4-2. On devrait peut-être y aller maintenant non ? »

À votre avis, de quel match Andy Murray parle ? De France-Argentine bien sûr ! Aucun amateur de football ne pouvait rater ce match, sauf Andy Murray par obligation professionnelle…

Bien avant le coup d'envoi, tout le monde attend ce match. Les regards sont tournés vers Lionel Messi, le joueur au cinq « Ballon d'Or* », n° 10 de génie, buteur en série, qui a tout gagné avec le FC Barcelone. Et pourtant, il ne réalise pas les mêmes performances avec son équipe nationale. En quatre participations au Mondial, il n'a marqué que six buts, et jamais lors d'un match à élimination directe. En 2014, l'Argentine s'est fait battre en finale par l'Allemagne (également vainqueur de la France en quart, 1-0). En 2018, la Pulga[20] veut absolument soulever le trophée. Lionel Messi a 31 ans et c'est peut-être sa dernière occasion.

Les Bleus sont sortis en tête du groupe C, l'Albiceleste[21] est en deuxième position. L'équipe de Croatie vainqueur des trois matches du groupe D, ne veut pas rencontrer la France. Enfin pas si tôt…

---

20. La Pulga : signifie la puce en espagnol ; c'est le surnom donné à Lionel Messi par un journaliste.
21. L'Albiceleste : c'est le surnom de l'équipe d'Argentine (maillot ciel et blanc).

Tous les observateurs sentent que les deux « monstres », la France et l'Argentine, peuvent se réveiller lors de ce match à la vie, à la mort. On critique la pauvreté du jeu des Bleus de Didier Deschamps, en France comme à l'étranger. Le quotidien argentin *La Nación* y voit un espoir : « Parmi tous les favoris que l'Argentine pourrait rencontrer en huitièmes de finale, la France est l'un de ceux qui a le moins montré. L'Angleterre et la Belgique ont une attaque redoutable, le Brésil se distingue par ses contre-attaques dangereuses. »

L'enjeu de ce huitième est double : l'élimination ou la qualification des Bleus et l'avenir du sélectionneur, Didier Deschamps. Avant le Mondial, la fédération a prolongé le contrat de Didier Deschamps jusqu'en 2020. Quel que soit le résultat de l'équipe de France ? Peut-être pas, car l'objectif fixé par le président de la Fédération Française de Football est d'atteindre au minimum les demi-finales de la compétition.

La démission de Zinédine Zidane de son poste d'entraîneur du Real Madrid, fin mai 2018, surprend le monde du football. Il vient en effet d'enchaîner trois victoires de suite en Ligue des Champions. Beaucoup parlent de sa possible nomination à la tête de l'équipe de France en cas d'élimination dès les huitièmes de finale.

Nous sommes le samedi 30 juin. Seize équipes ont déjà quitté la Russie. Qui de la France ou de l'Argentine va devoir prendre son billet de retour ? Les deux équipes ont fait un début de compétition décevant. Il est temps de se faire pardonner.

Manger des pâtes à Istra

L'ambiance est électrique. Une fois encore, les supporteurs français perdent la bataille. Parmi les 45 000 places de la Kazan Arena, c'est le maillot ciel et blanc des Argentins qui domine. Dans les vestiaires, Paul Pogba prend la parole : « Moi, je ne veux pas rentrer à la maison. Je veux retourner à Istra manger des pâtes. »

Ce match laissera une trace dans les mémoires. Au coup de sifflet final, tout le monde est persuadé d'avoir vécu un grand match de Coupe du Monde. Les deux équipes se sont rendues coup pour coup[22] sous les yeux de Diego Maradona. En début de match, Kylian Mbappé impressionne et offre un penalty à son équipe (1-0, 11e). Après ce but, l'équipe d'Argentine se relève grâce à Angel Di Maria. Sa frappe du gauche à trente mètres du but vient s'enfoncer dans la lucarne* droite. Le gardien français ne peut rien faire. Puis El pibe de oro[23] croit au miracle quand Mercado détourne le tir puissant de Lionel Messi (1-2, 48e).

Les hommes de Jorge Sampaoli[24] ne conservent pas longtemps l'avantage de leur but. Servi dans la surface par un long centre de Lucas Hernandez, Benjamin Pavard marque d'une demi-volée dans la lucarne (2-2, 57e). Le but, le geste, le moment font qu'il restera dans l'histoire des Bleus.

L'espoir change de camp. La tornade Kylian vient frapper l'Argentine de plein fouet. En moins de cinq minutes, le Parisien commence à bâtir sa légende. Deux buts,

---

22. Rendre coup pour coup : répondre à chaque coup par un coup. Répondre à une attaque par une autre attaque.
23. El pibe de oro : le gamin en or, c'est le surnom de Diego Maradona, footballeur argentin. Il fait partie des plus grands joueurs de l'histoire du football.
24. Jorge Sampaoli : l'entraîneur argentin.

l'un du gauche, l'autre du droit écartent définitivement l'Argentine. « Le groupe a essayé de faire de son mieux, commente Jorge Sampaoli après la défaite, mais nous avions des joueurs très rapides en face. Mbappé a vécu une soirée incroyable, il nous a fait beaucoup de mal. »

Le but d'Agüero en toute fin de match sur une passe de Messi ne change rien (4-3). Paul Pogba et ses camarades peuvent retourner manger des pâtes à Istra.

11 Kylian Mbappé : en excès de vitesse

Nous sommes à la 11e minute du match contre l'Argentine. Paul Pogba voit le déplacement de Kylian Mbappé devant lui. Kylian Mbappé est parti dans le dos de l'Argentin Tagliafico puis il le dépasse, accélère et contrôle le ballon. Au centre du terrain, Mascherano se fait lui aussi dépasser de plusieurs mètres. À ce moment-là, le jeune attaquant français court à plus de 37 km/h ! « Quand je le vois prendre le ballon, dit Antoine Griezmann, je me dis qu'il peut aller au bout. » Et il va peut-être marquer seul un but après 70 mètres de course. Rojo, le défenseur central, ne peut rien faire pour l'empêcher de rentrer dans la surface de réparation*. Alors il pousse Mbappé brutalement et tombe avec lui. La sanction de l'arbitre est immédiate. Il y a tir au but* et ouverture du score par Antoine Griezmann.

La démonstration n'est pas terminée. Le jeune prodige (19 ans et 6 mois) va encore frapper deux fois : il marque à la 64e minute suite à un premier tir de Blaise Matuidi puis, à la 68e, sur une passe d'Olivier Giroud.

Le monde entier est sous le charme. Tous les médias n'ont d'yeux que pour ce jeune homme. Le Roi Pelé[25] lui-même apprécie : « Félicitations, Mbappé. Marquer deux buts en étant si jeune dans une Coupe du Monde te place en très bonne compagnie ! » En 1958, le champion brésilien avait seulement 17 ans et 8 mois quand il a gagné la Coupe du Monde en Suède. Et il a remporté trois Coupes du Monde. Kylian sait que la route est encore longue.

En décembre 2018, d'anciens vainqueurs du Ballon d'Or élisent Kylian Mbappé meilleur joueur de moins de 21 ans. Le jeune attaquant reçoit le premier trophée Kopa.

---

25. Pelé : footballeur brésilien. Pour certains, le meilleur joueur de l'histoire de football.

12 6 – L'URUGUAY SANS CAVANI

Une équipe d'Uruguay sans Edinson Cavani, c'est un peu comme l'Argentine sans Messi. Ou l'omelette[26] sans les œufs... Le double buteur en huitièmes face au Portugal (2-1) se blesse au mollet en fin de match. Le grand attaquant ne joue donc pas le match contre la France. Il n'est même pas sur la feuille de match. Longtemps, sa participation reste un mystère. C'est un sort cruel, car le duo qu'il forme avec Luis Suarez fait trembler les défenses adverses.

Mais l'âme de l'équipe d'Uruguay, c'est son esprit de groupe, son engagement physique et son sens du sacrifice. Ce sont des guerriers qui ne renoncent jamais. Le jeu de la sélection est surnommé « garra charrua » : un état d'esprit hérité de la résistance indienne à la colonisation européenne. Il peut se résumer à un engagement et une agressivité souvent à la limite de la faute. Il faut jouer chaque action comme si c'était la dernière.

Cet esprit de combat habite les joueurs de la Celeste[27] depuis 1950, date de la victoire historique face au géant brésilien dans le stade Maracana devant 200 000 spectateurs.

En 2014, au Brésil, l'Allemagne élimine l'équipe de France en quarts de finale grâce à un but de la tête de Mats Hummels marqué sur un coup de pied arrêté. Raphaël Varane était alors au marquage*. Quatre ans plus tard, le grand défenseur central du Real Madrid n'est plus le même joueur. Plus

26. Une omelette : un plat à base d'œufs battus.
27. La Celeste : l'équipe d'Uruguay.

fort, plus expérimenté, il élève son niveau de jeu à chaque match depuis le début du Mondial. Contre l'Uruguay, il joue à son meilleur niveau. Et il sait aussi marquer des buts importants. À la 40e minute, il dévie de la tête le coup franc direct d'Antoine Griezmann. Les Bleus marquent juste avant la mi-temps. Quatre minutes seulement après l'ouverture du score, l'équipe d'Uruguay pense marquer. Au duel dans la surface, Paul Pogba est battu par Martin Caceres de la tête. Le ballon prend la direction du petit filet*. But ? Non, car le gardien français se jette à l'horizontal et repousse le ballon. C'est un arrêt extraordinaire, l'un des plus beau de la Coupe du Monde. Diego Godin tente sa chance de nouveau. Le ballon passe au-dessus du but. La Celeste n'aura plus aucune occasion de but.

Griezmann buteur malheureux

Dans le match contre l'Uruguay, les Bleus confirment qu'ils n'ont pas besoin de beaucoup d'occasions pour marquer. Contre l'Argentine, on a compté seulement quatre tirs cadrés et quatre buts puis, face à l'Uruguay, on compte deux tirs cadrés et deux buts. Le second but de ce match est un cadeau du gardien Muslera. Sur le tir du gauche à 25 mètres de Griezmann (61e), le gardien fait une erreur. Le ballon lui file entre les gants (2-0). Ce but met fin aux rêves des joueurs de la Celeste.

D'habitude démonstratif, Antoine Griezmann ne célèbre pas son but. Pourquoi ? Le Français aime l'Uruguay : « C'est mon deuxième pays. » Cet attachement est lié à son parcours de footballeur. À l'âge de 14 ans, il poursuit sa formation en Espagne. Les clubs français le repoussent. Le garçon est trop petit, trop fragile. À la Real Sociedad, il se lie d'amitié avec les joueurs sud-américains.

L'Uruguayen Carlos Bueno lui fait découvrir la cuisine de son pays. D'abord « l'asado » (une viande cuite au barbecue) et le « dulce de leche » (confiture de lait) et puis surtout le maté. C'est une infusion préparée à base d'une plante appelée « yerba maté ». Cette boisson se déguste avec une paille en acier (« bombilla »).

En 2014, Griezmann change de club. Il signe à l'Atlético de Madrid. Il retrouve un autre Uruguayen, le défenseur Diego Godin. Les deux hommes deviennent vite inséparables chez les Colchoneros[28].

Voilà pourquoi ce match France-Uruguay est si particulier pour lui : « Je n'ai pas célébré mon but par respect pour mes amis uruguayens. Ces joueurs m'ont aidé

---

28. Los Colchoneros : c'est le surnom donné au club de l'Atlético Madrid.

à faire mes premiers pas dans le monde professionnel. J'ai du respect pour eux. »

Malgré cette émotion contenue, Antoine Griezmann est heureux de voir arriver les demi-finales. Avec ses coéquipiers, il a quatre jours pour récupérer et se préparer à un nouveau défi face aux tombeurs du Brésil, les Belges.

En effet, il n'y aura pas un cinquième France-Brésil en match éliminatoire de la Coupe du Monde (après 1958, 1986, 1998, 2006). La Belgique emmenée par un Eden Hazard au meilleur de son talent a sorti la Seleção[29]. Ce sera donc une affaire entre voisins[30]. Le Coq[31] face aux Diables rouges[32].

---

29. La Seleção : c'est le surnom de l'équipe de football du Brésil.
30. La France et la Belgique partagent la même frontière.
31. Le coq est un symbole de la France. C'est aussi l'emblème des sportifs français. On le trouve sur les maillots des sportifs.
32. Les Diables rouges : c'est le surnom de l'équipe de football de Belgique.

13 Raphaël Varane : forte tête

Il est le patron de la défense. Grâce à sa vitesse, à sa précision, à son jeu de tête, à la qualité de sa relance, à son calme et à son élégance, Raphaël Varane brille tout au long de cette Coupe du Monde. Il est indispensable et il joue tous les matches de la compétition. Avec Samuel Umtiti, il forme une défense difficile à battre. Tous les deux, ils ont marqué un but important de la tête.

Avec cette victoire au Mondial, Raphël Varane fait un fabuleux doublé cette saison. En effet, il a aussi remporté la Ligue des champions avec le Real Madrid, au mois de mai, face à Liverpool (3-1). Il est le 4e joueur dans l'histoire du football à réussir cette performance, après Christian Karembeu (France) en 1998, Roberto Carlos (Brésil) en 2002 et Sami Khedira (Allemagne) en 2006. À vingt-cinq ans seulement, le défenseur central possède déjà un palmarès incroyable : quatre Ligues des champions, deux Championnats d'Espagne, une Coupe du Roi, trois Supercoupes d'Europe et trois Mondiaux des clubs.

Personne en équipe de France ne possède un meilleur palmarès. Avec ses deux victoires dans les compétitions majeures, Raphaël Varane était un des prétendants au titre honorifique de Ballon d'Or. Mais il faut remonter à 2006 avec la nomination de l'Italien Fabio Canavaro pour voir cette récompense attribuée à un défenseur. En 2018, c'est le Croate Luka Modrić qui reçoit le Ballon d'Or

À noter aussi que le dernier Français honoré était Zinédine Zidane en… 1998 !

7 – BIEN JOUER N'EST PAS GAGNER

DANS LE STADE KRESTOVSKI de Saint-Pétersbourg, Andres Cuhna siffle la fin de la première demi-finale sur le score de 1-0. Les Bleus ont éliminé les Diables Rouges. Lorsque les journalistes tendent leurs micros aux vaincus, les propos sont amers[33].

Les joueurs de l'équipe de Belgique, Courtois, Hazard, Kompany critiquent le jeu des Bleus. Ils le jugent trop défensif, trop prudent. Les Belges sont déçus. Il n'y aura pas de première finale pour cette équipe belge composée de joueurs engagés dans les plus grands clubs européens.

Le public attendait une rencontre ouverte, le public espérait beaucoup de buts. Finalement, on a eu un match plus tactique. Appliqués à bien défendre, les hommes de Didier Deschamps suivent leur plan avec précision : résister aux attaques et attendre la bonne occasion. L'occasion vient sur un corner avec une tête victorieuse de Samuel Umtiti (51e).

À la fin du match, les joueurs belges n'acceptent pas cette défaite : « Les équipes jouent sur leurs forces, nous c'est le foot, eux c'est de défendre. », déclare le gardien Thibault Courtois. Pour Vincent Kompany : « La France n'était pas meilleure que nous. On saura que le gagnant du Mondial ne sera pas une équipe plus forte que la nôtre. »

---

33. Des propos amers : des paroles qui expriment la tristesse.

Un corner qui coûte cher

Même l'ancien Lillois Eden Hazard, probablement le plus français des Belges, a dit : « Je préfère perdre avec la Belgique que gagner avec la France. On a le plus beau jeu, c'est plus mon style... ». L'entraîneur, Roberto Martinez, est déçu lui aussi. Pour lui, la défaite n'a pas tenu à grand chose. C'est un corner qui a fait la différence. Un corner qui coûte cher à la Belgique.

En demi-finale de Coupe du Monde, seul le résultat compte. Après leur but, les Bleus ne prennent aucun risque. Ils ont suivi leur plan de jeu. Dans cette équipe, les défenseurs marquent des buts et les attaquants participent à la défense. Lorsque Eden Hazard met en difficulté Benjamin Pavard, un coéquipier est toujours là pour aider.

Hugo Lloris réalise encore un match parfait. À la 21e minute (frappe de Alderweireld) et à la 82e (tir puissant de Witsel), le capitaine protège son but. Du côté Rouge, Thibault Courtois fait de même : arrêt du pied sur une tentative de Pavard en première mi-temps puis deux fois en fin de match devant Griezmann puis Tolisso.

Thierry Henry, le meilleur buteur de l'histoire de l'équipe de France (51 buts), est depuis 2016 entraîneur-adjoint de la Belgique. Après la défaite de son équipe, il va vers Didier Deschamps et le prend dans ses bras. C'est son ancien capitaine, celui qui a conduit l'équipe de France vers sa première étoile en 1998. Thierry Henry est déçu pour ses joueurs, mais il se console de voir les Bleus partir à la conquête de la deuxième étoile.

15 Antoine Griezmann : deux finales gagnées en 2018

Antoine Griezmann (27 ans) arrive fatigué en équipe de France après une longue saison. Il fait un travail de préparation physique qui est utile. Il n'est pas à son meilleur niveau, comme l'équipe de France, pendant tout le premier tour du Mondial. Mais l'attaquant monte en puissance à partir des huitièmes (4-3), et il finit fort face à la Croatie avec un match qui impose le respect. Il est couronné « meilleur joueur du match ».

Pour le président de l'Atlético Madrid, Enrique Cerezo, le Français met fin à la domination du duo Cristiano Ronaldo-Lionel Messi. « S'ils ne donnent pas le Ballon d'Or à Griezmann, nous devrons demander la V.A.R.* », a déclaré en plaisantant le dirigeant à un média espagnol.

Meilleur buteur ex aequo de l'équipe de France pendant le Mondial (4 réalisations dont 3 penalties), Griezmann offre également quatre passes décisives. Avec dix buts, il est le quatrième meilleur buteur des Bleus en tournois majeurs (Coupe du Monde et Euro), à égalité avec Zidane, et devancé seulement par Platini (14), Fontaine (13) et Henry (12).

Avec son club de l'Atlético de Madrid, Grizou[34] a remporté la Ligue Europe (il a marqué 2 buts en finale) et la Supercoupe d'Europe face au Real Madrid lors de son retour en Espagne en août 2018.

34. Grizou : c'est le surnom donné à Antoine Griezman. Il est aussi surnommé Grizi.

16 8 – NUIT ÉTOILÉE

CHAQUE FINALE A SON HISTOIRE. Celle du stade Loujniki de Moscou ce 15 juillet 2018 n'est pas ordinaire. En football, rien n'est jamais écrit à l'avance. Mais à la fin de ce match, une équipe sera championne du monde et l'autre pas. Le match n'est pas tendu, il n'est pas indécis avec une prolongation* et des tirs au but. Le parcours de la Croatie dans une partie de tableau plus faible (Espagne, Russie, Danemark, Suède, Suisse, Colombie, Angleterre) a été difficile. Avec trois qualifications après prolongation dont deux aux tirs au but (Danemark 1-1, Russie 2-2, Angleterre 2-1), cette équipe a joué avec les nerfs de ses supporteurs.

Les désavantages d'un tel parcours, c'est le temps de jeu. Pour arriver en finale, la Croatie a joué 360 minutes dans les matches à élimination directe. La France a joué 270 minutes seulement. Dans un tournoi, les efforts et le temps de récupération sont importants.

Mais d'un autre côté, cette équipe de Croatie croit en elle. Sauvée de justesse match après match, elle est certaine d'écrire l'histoire et de devenir championne du monde pour la première fois.

La Croatie est un petit pays à l'histoire compliquée (c'est l'une des six républiques de la Yougoslavie jusqu'en 1991), mais c'est un grand pays de football. De grands joueurs sont croates comme hier, Boban, Prosinecki, Skoblar, Suker ou aujourd'hui Modrić, Mandžukić, Rakitić.

La France et la Croatie ont une histoire commune en Coupe du Monde. En 1998, la demi-finale oppose les deux pays. Elle démarre bien pour la Croatie qui mène 1-0 grâce à un but de Davor Suker. Mais ce jour-là, un grand arrière latéral* se transforme en buteur pour les Bleus. Lilian Thuram marque deux fois : les deux seuls buts de sa carrière internationale. La Croatie se console avec la 3e place. C'est son meilleur résultat jusqu'en 2018.

Seule la victoire est belle

La première mi-temps de cette finale est cruelle pour la Croatie. En effet, la Croatie domine le jeu au milieu du terrain. Et N'Golo Kanté est méconnaissable. Pourtant la France ouvre le score grâce à un coup-franc d'Antoine Griezmann que le Croate Mandžukić détourne dans son propre but (1-0, 18e). La France marque son premier but de la finale. La Croatie reprend espoir avec le but de Perišić (1-1, 28e). Mais Perišić, encore lui, fait main dans la surface. L'arbitre consulte la V.A.R. et accorde le penalty à la France. Griezmann ne rate pas cette occasion. Il marque (2-1, 38e). En seconde mi-temps, Didier Deschamps fait sortir N'Golo Kanté. L'entrée du grand Steven Nzonzi stabilise le match des Bleus. L'effet se fait sentir très vite. Après une action de Mbappé sur le côté droit, Griezmann passe à Pogba. Il tire deux fois avant de conclure (3-1, 59e).

Deux buts d'écart avec une défense si solide, cela peut être suffisant. Trois, c'est déterminant. À la 65e minute, Kylian Mbappé conclut une belle accélération de Lucas Hernandez. Il marque du droit d'une frappe croisée (4-1, 65e).

Cette fois c'est sûr, la France est de nouveau championne du monde. Mais voici que le gardien français fait une erreur impardonnable. Après une passe en retrait de Samuel Umtiti, Hugo Lloris tente un crochet. Contré par le buteur Croate Mandžukić, le ballon finit au fond des filets français (4-2, 69e).

Il reste vingt minutes de jeu. L'équipe de Croatie peut encore arracher une prolongation.

Tolisso et Fekir sont rentrés sur le terrain et se battent sur tous les ballons. Ils sont à l'unisson avec toute l'équipe qui ne veut pas perdre cette finale. Le score ne bouge plus. La France est championne du monde !

Pour l'anecdote, 4-2 c'est le score de la première finale de Coupe du Monde disputée en 1930 (victoire de l'Uruguay devant l'Argentine). Six, c'est le record de buts marqués en finale.

Il est 19 h 15, la cérémonie de remise du trophée tarde à se mettre en place. L'orage qui grondait craque enfin sur Moscou. Même le ciel pleure, mais c'est de joie !

17 N'Golo Kanté : l'homme aux quinze poumons

« C'est un rayon de soleil. Tout le monde l'adore. C'est du bonheur. Si on en est arrivé là, il y est pour beaucoup. », affirme Didier Deschamps. Né à Paris, NG (27 ans) fait ses débuts professionnels au stade Malherbe de Caen[35]. Très vite les plus grands clubs repèrent ce milieu de terrain défensif. Il choisit l'Angleterre. Deux fois champion d'Angleterre (Leicester puis Chelsea), il est élu meilleur joueur de Premier League pour la saison 2016-2017.

Ses capacités physiques donnent droit a beaucoup de plaisanteries : « 70 % de la surface de la terre est couverte par l'eau, le reste par NG. » « Il court partout, il a quinze poumons ! Le foot est beaucoup plus facile avec des joueurs comme ça. », dit Paul Pogba. « Avec lui, la France joue à 12 sur le terrain, dit avec admiration Garry Lineker[36]. Il est partout, sa qualité de passe est excellente et il franchit les lignes. » Claudio Ranieri (ancien entraîneur de Leicester) plaisante en disant à NG : « Un jour, tu vas centrer et être à la récupération de ton propre centre ! »

N'Golo est un maître dans l'art de la récupération des ballons et dans sa couverture du terrain. C'est un joueur infatigable. Dans les vestiaires, après la victoire en demi-finale, Paul Pogba touche le front de son partenaire et éclate de rire : « Il peut rejouer, il n'a même pas transpiré ! »

---

35. Stade Malherbe de Caen : c'est un club de Ligue 1 français d'une ville située en Normandie.
36. Garry Lineker : c'est un ancien joueur professionnel anglais (avant-centre) ; il est le meilleur buteur de Coupe du Monde 1986 (6 buts).

MÉDIAS ET RÉSEAUX SOCIAUX sont devenus des espaces d'expression pour des millions de personnes sur Internet. Le poids de Twitter, Facebook, Instagram... est toujours plus fort. Journalistes, lecteurs, fans, champions, échangent leur opinion instantanément.

Le football n'est plus seulement un sport, il devient un phénomène de société. Quelle que soit son origine, tout le monde regarde, parle, consomme autour du football. Après la victoire des Bleus, certains commentaires sont apparus sur les réseaux sociaux, sur les plateaux de télévision et même dans les interventions de personnages publics, tous sur le même thème : la diversité des origines des membres de l'équipe de France.

En 1998, la France était « black-blanc-beur »[37] après la victoire. C'était une équipe multiculturelle composée de joueurs « blancs », de joueurs « blacks » originaires des Antilles, de la Guyane, de la Nouvelle-Calédonie[38], d'Afrique et de joueurs « beurs » originaires du Maghreb comme Zinédine Zidane, le héros de la finale. En 1998, des publics qui ne se croisent pas d'habitude sont côte à côte dans les stades, puis dans la rue après la victoire.

Cette victoire permet de mettre en avant l'esprit fondateur de la République française. La France est le pays des droits de l'homme, du bien vivre ensemble et de la laïcité[39].

---

37. Black-blanc-beur : cette expression est née pendant la Coupe du Monde 1998 en France. Noir-Blanc-Arabe associés comme les trois couleurs du drapeau français. C'est le symbole de la réalité de la société française.
38. Antilles, Guyane, Nouvelle-Calédonie : ce sont des départements français situés dans des îles éloignées du continent européen.
39. Laïcité : c'est la séparation entre l'église et l'État.

Alors comment expliquer aujourd'hui, en 2018, ces attaques de l'étranger sur la véritable origine des joueurs de l'équipe de France ? Même des hommes politiques font des commentaires. Le président vénézuélien Nicolas Maduro déclare : « L'équipe de France ressemblait à l'équipe d'Afrique. En vrai, c'est l'Afrique qui a gagné, les immigrants africains qui sont arrivés en France. » Il fait référence à Samuel Umtiti qui est né à Yaoundé (Cameroun), à Steve Mandanda qui est né à Kinshasa (République démocratique du Congo) ou à N'Golo Kanté né à Paris mais de parents originaires du Mali.

Les médias anglophones parlent aussi beaucoup de cet aspect. En France, cela n'a jamais été un débat. Partout dans les rues, sur les voitures ou aux fenêtres des maisons, on voit le drapeau bleu-blanc-rouge.

Trevor Noah présentateur du « Daily Show » sur une chaîne de télévision américaine tente de faire rire en disant : « La France est devenue l'équipe de rechange de l'Afrique une fois que le Nigeria ou le Sénégal ont été éliminés. »

Des « champions africains mêlés à de très bons joueurs blancs ». C'est avec ces mots que le *Corriere della Sera*, le grand journal italien, décrit l'équipe de France, avant la finale de la Coupe du Monde contre la Croatie.

Les Bleus ne sont pas appréciés dans les pays d'Europe de l'Est. Il y a trop de joueurs noirs pour une population qui craint le phénomène migratoire.

L'ancien président des États-Unis, Barack Obama écrit en réponse à ces critiques : « Tous ces mecs[40] ne

---

40. Un mec : (*familier*), un homme.

ressemblent pas à des Gaulois[41]... mais ils sont français, ils sont français ! ».

Oui, c'est bien des joueurs français qui ont apporté une deuxième étoile sur le maillot des Bleus !

19 Benjamin Mendy : le joker

Opéré du genou en octobre 2017, il n'a pas disputé un match entier avec son club de Manchester City en 2018. Pourtant Didier Deschamps n'hésite pas à le sélectionner. Pourquoi ? Parce que ce joueur âgé de 23 ans fait déjà partie des meilleurs à son poste (latéral gauche). Seulement remplaçant, il ne joue que quarante minutes dans ce Mondial. Pourtant il ne passe pas inaperçu.

Lors des buts marqués par ses partenaires, il est toujours le premier à sortir du banc de touche*. En équipe de France comme en club, on apprécie son enthousiasme, sa joie de vivre, ses plaisanteries. C'est lui encore qui avec Paul Pogba apprend au président de la République, Emmanuel Macron, le « dab »[42] dans les vestiaires après la victoire.

Sa communication sur les réseaux sociaux est à son image. Le site Sporf vante la diversité des joueurs de l'équipe de France. Il place devant chaque joueur le drapeau du pays où ils sont nés. Benjamin Mendy publie aussitôt un tweet : il remplace ces drapeaux par le drapeau français avec ce commentaire en anglais « fixed » (réparé).

41. Les Gaulois : ce sont les habitants de la Gaule, une région qui couvre la France au VIIe siècle avant Jésus-Christ.
42. Dab : mouvement de danse avec les bras. La tête dans le creux du coude, l'autre bras tendu dans le sens opposé. Paul Pobga célèbre ainsi ses buts.

À chaque fois que l'équipe de France brille en Coupe du Monde, elle a dans ses rangs un joueur vedette : Raymond Kopa (1958), Michel Platini (1982, 1986), Zinédine Zidane (1998 et 2006). En 2018, elle gagne grâce à plusieurs joueurs : Mbappé, Varane, Griezmann et même Lloris, le gardien de but. Dans cette compétition, l'équipe de France avance ensemble. C'est la qualité collective du groupe qui est essentielle.

En 2010, l'Espagne a remporté sa première Coupe du Monde avec seulement 8 buts. Ce pays remporte sa première étoile et devient aussi le vainqueur qui a marqué le moins de but. Depuis les huitièmes jusqu'en finale, le même score à chaque fois : 1-0. Les Espagnols pratiquaient un jeu de passes, de possession : c'est le « toque » ; les joueurs utilisent des passes courtes au ras du sol pour franchir les lignes. L'adversaire privé du ballon a moins d'occasion de marquer. Huit ans plus tard, ce type de football n'est plus la recette de la victoire.

En 2018, pour arriver en demi-finale les Bleus ont marqué plus de buts que l'Espagne en 2010 (9 contre 6). Pourtant, on critique leur style de jeu. « Nous sommes une équipe de tueurs de sang-froid. », analyse le capitaine Hugo Lloris. Cette équipe n'est pas obsédée par la maîtrise du ballon. Elle recherche l'efficacité maximale. Le football moderne est fait de statistiques. Que disent celles de l'équipe de France ?

Sa jeunesse : 26 ans et 9 mois,

Sa régularité : 66 % de victoire depuis 2012. Qualités offensives : 1,9 but par match (3e). Qualités défensives :

FRANCE

0,8 but encaissé (2e). Lors de la finale : 15 tirs pour la Croatie (3 cadrés) et 8 pour la France (6 cadrés).

En conclusion : c'est une équipe jeune, efficace et régulière depuis l'arrivée de Didier Deschamps en 2012.

Mettre de la vitesse

Cette équipe de France est à l'aise dans le jeu de contre car elle possède des joueurs très rapides. Roberto Martinez (Belgique) : « L'équipe de France était mise en place pour exploiter la vitesse de Mbappé. »

Didier Deschamps et tous les joueurs qui ont joué et perdu la finale de l'Euro, deux ans avant, contre le Portugal ont tiré les leçons de cette défaite. Cette fois, les joueurs sont prêts à faire des sacrifices individuels. Ils ne font pas de passe hasardeuse, pas de dribble inutile. Les efforts des attaquants pour se replacer ou pour gêner la relance de l'équipe adverse dès la perte de balle sont révélateurs. Kylian Mbappé répond : « On ne peut pas toujours faire ce qu'on veut sur un terrain. Il faut savoir s'adapter aux situations... On a souffert, mais on a souffert ensemble. »

Pour bien comprendre cet état d'esprit, Antoine Griezmann a lancé aux journalistes avant la finale : « Je veux l'étoile et si on gagne, je m'en fous du jeu qu'on aura fait ! »

La France a joué pour gagner, pas pour briller. Et elle a joué comme une équipe.

21 Olivier Giroud : la malédiction française

Décidemment, il plane une malédiction sur les avant-centres* des équipes de France championne du monde. Olivier Giroud (31 ans) est un grand buteur, le troisième meilleur attaquant de l'équipe de France (31 buts), devant Just Fontaine et Jean-Pierre Papin (30 buts), derrière David Trezeguet (34 buts) et Thierry Henry (51 buts), meilleur marqueur de l'histoire des Bleus. Lors de ses cinq saisons et demi avec Arsenal, l'attaquant Français a marqué 105 buts, en particulier le spectaculaire « coup du scorpion » : une reprise de volée avec le talon face au but.

Mais pendant la dernière Coupe du Monde, Giroud joue 7 matches (545 minutes) mais il ne marque pas le moindre but. Ce manque de réussite est dû au système de jeu de l'équipe de France. Lors de son entrée en jeu contre le Pérou, c'est grâce à un tir de Giroud que Mbappé pousse la balle dans le but (victoire 1-0).

Sur les dégagements du gardien, Giroud récupère, conserve le ballon, sert de point de fixation devant pour servir Antoine Griezmann ou Kylian Mbappé ou faire des appels. Lorsque l'équipe perd le ballon, il se sacrifie en défense pour bloquer la relance. Il va au contact des défenseurs.

Faute d'efficacité, voire d'adresse (occasion ratée en demi-finale contre la Belgique en 2e mi-temps), c'est son sens du devoir collectif qui ressort de sa Coupe du Monde.

En 1998, l'avant-centre de l'équipe de France a connu le même destin. Stéphane Guivarc'h, cette saison-là, a inscrit 47 buts avec son club d'Auxerre. Pourtant dans l'équipe de France dirigée par Aimé Jacquet, le meilleur buteur du championnat de France n'a marqué aucun but.

Le parcours de Giroud, avec un G comme Guivarc'h, ressemble à celui de son aîné, isolé en pointe en 1998.

22 11 – CHAMPIONS, ET APRÈS ?

Les Bleus de 2018 sont la deuxième équipe la plus jeune à remporter le trophée après le Brésil de Pelé en 1970. En 1974, le Brésil n'a pas su conserver son trophée. Seule l'Italie a réussi ce doublé (1934 et 1938).

La génération 2018 peut durer longtemps et continuer d'écrire l'histoire de l'équipe de France. Dans son effectif, quatorze de ses joueurs ont disputé leur premier tournoi international. Dans ses rangs, il y a Kylian Mbappé (19 ans). Né 15 jours après l'Australien Daniel Azrani, il est le deuxième plus jeune joueur du Mondial.

À l'heure de dresser un premier bilan, le sélectionneur tient à saluer le parcours de ses joueurs. Pour lui, c'est bien eux qu'il faut mettre en avant. Il donne également son analyse sur le niveau de cette compétition : « Les matches étaient très difficiles car les équipes avaient une très bonne organisation défensive. J'ai toujours recherché le meilleur équilibre. » Didier Deschamps insiste aussi sur l'aspect physique : « Toutes les équipes étaient bien préparées. Il a fallu être prêt tout de suite. » Hugo Lloris ne partage pas cet avis. « La personne qu'il faut mettre en valeur, c'est le coach, c'est lui l'architecte, disait-il à la veille de la finale. Il a monté cette équipe depuis quatre ans. Il a cette faculté à ne jamais rien lâcher. Il nous [apprend] cela et ça correspond au football qu'on joue actuellement. »

Cette équipe de France possède en attaque beaucoup de joueurs rapides, techniques, inventifs comme Dembélé, Fekir, Griezmann, Mbappé. Mais son style de jeu n'est pas spectaculaire. Les Français ont été décisifs sur les coups de pieds arrêtés. Les joueurs ont beaucoup travaillé cette séquence à l'entraînement. Le sélectionneur a construit une équipe pour gagner, pas pour briller ni pour marquer le plus de buts possibles : pour preuve, ces victoires avec un petit écart contre le Pérou ou contre la Belgique (1-0).

Libérer les talents

Certains amoureux du football ne sont pas contents malgré la victoire. L'efficacité de l'équipe de Didier Deschamps, comme celle d'Aimé Jacquet en 1998, fait débat. Avant 1998, les Bleus jouaient un beau football mais ne gagnaient jamais la Coupe du Monde. Les équipes qui conservent le ballon ne sont pas assurées de la victoire. La France est championne du monde avec une moyenne de 48,6 % de possession de balle. En finale, les Bleus remportent le match avec seulement 34 % de possession. Le football moderne évolue. Pour être efficace, il faut être rapide. L'équipe de Didier Deschamps sait enchaîner très vite de la défense à l'attaque. Les Français marquent aussi des buts importants sur les coups de pieds arrêtés* (corner, coup-franc et penalty).

Cette équipe attend la faute de l'adversaire pour le punir à la première occasion. Grâce à la vitesse de Kylian Mbappé, les contre-attaques* sont une arme redoutable.

Les futurs adversaires de l'équipe de France savent maintenant à quoi s'attendre. Les adversaires vont être prudents. Le sélectionneur devra faire évoluer cette tactique. Il devra utiliser autrement les talents des joueurs pour surprendre encore lors de la prochaine Coupe du Monde. « De l'audace, encore de l'audace et toujours de l'audace ! »[43] C'est une célèbre devise française à exporter dans le football de demain.

---

43. De l'audace, encore de l'audace et toujours de l'audace : mots prononcés par Danton lors de la Révolution française (1792) alors que l'armée autrichienne a envahi la France.

23 Didier Deschamps : le doublé

Le 12 juillet 1998, c'est lui qui a reçu le trophée de la Coupe du Monde. Le capitaine des Bleus a alors levé les bras et le stade de France s'est enflammé. Au soir du 15 juillet 2018 dans le stade Loujniki de Moscou, Didier Deschamps vit de nouveau cette émotion. Peu d'anciens joueurs champions du monde ont gagné deux fois, d'abord comme joueur puis comme entraîneur. Ils sont trois : le Brésilien Mario Zagallo (joueur : 1958, 1962 et sélectionneur : 1970, 1994), le « Kaiser », Frantz Beckenbauer (joueur : 1974, sélectionneur : 1990) et maintenant l'ancien milieu de terrain de l'équipe de France. Didier Deschamps (49 ans) est entré dans le petit cercle des légendes.

Il a su réunir un groupe composé de jeunes plein de talent et faire une équipe de combattants, à son image. C'est un groupe « qui ne lâche rien ». Le capitaine Hugo Lloris lui rend hommage pour son travail : « Il a trouvé les bons mots et le bon équilibre. »

Fils spirituel du sélectionneur des Bleus de 1998, Deschamps sait que gérer un groupe c'est s'adapter. Le technicien change de tactique trois fois en quelques semaines. Lors du match contre le Pérou, il trouve la bonne formule. Il construit une équipe solidaire et accrocheuse. Ce titre récompense sa méthode, son management et ses choix tactiques.

Tous les débats sur le « beau jeu » seront vite oubliés. Le monde est bleu.

Vocabulaire

Le football

Arbitre : c'est la personne qui fait respecter les règles.

Arrêt : c'est une action du gardien qui consiste à bloquer la balle pour l'empêcher de franchir la ligne de but.

Arrière latéral : c'est un joueur qui occupe un côté de la défense ; un défenseur.

Avant-centre : c'est un joueur qui joue au centre, c'est un attaquant, le n° 9 de l'équipe.

Ballon d'Or : c'est une récompense donnée au meilleur joueur de football de l'année. Le magazine *France Football* crée en 1956 cette récompense.

Banc de touche : désigne l'abri avec des bancs qui est placé au bord du terrain. Les remplaçants et l'entraîneur s'assoient sur ces bancs.

Contre-attaque : c'est une action rapide après une attaque adverse qui a échoué.

Coup de pied arrêté : désigne tous les tirs effectués lorsque le ballon est posé au sol (corner, coup-franc ou penalty).

Défenseur : joueur qui joue à l'arrière, devant son gardien.

Demi-volée : c'est lorsque qu'un joueur frappe un ballon qui vient juste de rebondir sur le sol.

Dribble : c'est garder le contrôle du ballon avec le pied.

Euro : c'est le Championnat d'Europe de football des pays des Nations. Il a lieu tous les quatre ans.

Feuille de match : feuille sur laquelle est noté le résultat d'un match.

FIFA : Fédération Internationale de Football Association.

Gardien de but : c'est le joueur qui protège les buts.

Lober : faire passer le ballon au-dessus d'un joueur.

Lucarne : les deux coins supérieurs du but.

Marquage : action d'un joueur pour empêcher son adversaire de recevoir le ballon.

Match amical (pl., matches amicaux) : un match en dehors d'une compétition, sans enjeu.

Match de barrage : il sert à déterminer les équipes qui participeront à la compétition.

Mi-temps : pause de quinze minutes entre les deux périodes de jeu.

Presser : poursuivre de près l'adversaire pour le gêner.

Petit filet : filet se situant de chaque côté du but.

Prolongation : période de temps supplémentaire de deux fois quinze minutes lorsqu'il y a égalité au bout des 90 minutes de jeu.

Remplaçant : joueur qui prend la place d'un autre joueur.

Sélectionneur : c'est la personne qui choisit les joueurs d'une équipe nationale de football.

Surface de réparation : le rectangle tracé devant chaque but. À l'intérieur de chaque surface de réparation, il y a le point de réparation (point de penalty).

Tir au but : penalty

V.A.R. : Video Assistance Referee, système d'assistance vidéo pour l'arbitrage.

Questions pour comprendre

Prologue – La première étoile

Répondez aux questions.

1. Qui marque le premier but lors de la finale de la Coupe du Monde 1998 ?

2. Que chantent les supporteurs français ?

3. Sur quelle avenue de Paris les supporteurs ont-ils fêté la victoire ?

Chapitre 1 – Bienvenue à Clairefontaine

Vrai ou faux ?

1. Le 22 mai 2018 tous les joueurs sont à Clairefontaine sauf Raphaël Varane.

2. Adrien Rabiot fait partie des 23 joueurs choisis par Didier Deschamps.

3. L'équipe de France a battu le Portugal 1-0 en finale de l'Euro 2016.

4. Paul Pogba est le capitaine des Bleus.

Chapitre 2 – Les derniers réglages

Choisissez la bonne réponse.

1. Lors du match en Suède dans le groupe A des éliminatoires, l'équipe de France :

a. perd 2-1.

b. bat la Suède 1-2.

2. Avant le Mondial 2018, l'équipe de France a disputé :

a. deux matches amicaux, contre l'Italie et contre les États-Unis.

b. trois matches amicaux, contre l'Irlande, l'Italie et les États-Unis.

3. Paul Pogba est :

a. grand et démonstratif.

b. petit et timide.

Chapitre 3 – Bienvenue à Istra

Complétez avec le nom de ville qui correspond.

1. La ville d'...................., 35 000 habitants environ, est proche par la route du grand aéroport de Cheremetievo.
2. Les Bleus s'entraînent au stade construit à ....
3. Les Brésiliens, par exemple, profitent de leur temps libre pour boire des jus de fruit près des plages de ....
4. Lucas Hernandez est né à ....

Chapitre 4 – La qualification et l'ennui

Qui a dit ces phrases ?

1. « On s'est dit qu'il fallait défendre, être solides et surtout être un groupe. »
2. « Aucun joueur n'aime sortir. »
3. « Quand je vois le ballon arriver, mon cœur fait boum, boum, boum. »

Chapitre 5 – Sur la route de Messi

Complétez les phrases.

1. Le champion de tennis écossais, Andy Murray engagé dans le ...., le 30 juin 2018, pense au Mondial.
2. L'Angleterre et la Belgique ont une ...., le Brésil se distingue par ses contre-attaques dangereuses.
3. Nous avions des joueurs .... en face. Mbappé a vécu une soirée incroyable.
4. Félicitations, Mbappé. Marquer deux buts en étant si jeune dans une .... te place en très bonne compagnie !

Chapitre 6 – L'Uruguay sans Cavani

Choisissez la bonne réponse.

1. La « garra charrua » est :
a. une boisson. **b.** un état d'esprit.

2. Lors du quart de finale contre la France Edinson Cavani :
a. est blessé et il n'a pas joué. **b.** a joué.

3. Le deuxième pays d'Antoine Griezmann est :
a. l'Uruguay. **b.** l'Allemagne.

Chapitre 7 – Bien jouer n'est pas gagner

Répondez aux questions.

1. Quel joueur a marqué le seul but du match France vs Belgique ?

2. Qui est le meilleur buteur de l'histoire de l'équipe de France ?

3. Avec quel club Antoine Griezmann a remporté, en 2018, la ligue Europa et la Supercoupe d'Europe ?

Chapitre 8 – Nuit étoilée

Vrai ou faux ?

1. Lors de la demi-finale France vs Croatie en 1998, Lilian Thuram a marqué un but.

2. N'Golo Kanté n'a pas disputé le match de la finale en entier.

3. En finale, La France a battu la Croatie 4-2.

4. Un orage a éclaté à la fin du match.

Chapitre 9 – La diversité

Choisissez la bonne réponse.

1. Le Président vénézuélien Nicolas Maduro a déclaré :
a. que la France a gagné la Coupe du Monde.
b. que l'Afrique a gagné la Coupe du Monde.
c. que la Croatie a gagné la Coupe du Monde.

2. Samuel Umtiti est né :
  a. à Yaoundé, au Cameroun.
  b. à Barcelone, en Espagne.
  c. à Lyon, en France.

3. Benjamin Mendy :
  a. a joué tous les matches.
  b. n'a joué aucun match.
  c. a joué lors d'un seul match.

Chapitre 10 – L'esprit d'équipe

Complétez les phrases.

1. En 2010, l'Espagne a remporté sa .... en marquant seulement 8 buts.

2. Roberto Martinez dit : « L'équipe de France était mise en place pour .... de Mbappé. »

3. Pourtant dans l'équipe de France dirigée par .... le meilleur buteur du championnat de France n'a marqué aucun but.

Chapitre 11 – Champions, et après ?

Répondez aux questions.

1. Lors du Mondial de 1974, est ce que le Brésil a conservé son trophée ?

2. Qui a construit le style de jeu de l'équipe de France en 2018, selon Hugo Lloris ?

3. Quelle est la principale qualité de Kylian Mbappé ?

4. Combien d'anciens joueurs champions du monde ont été sacrés en tant qu'entraîneur ?

SOLUTIONS

Prologue

1. Zinédine Zidane
2. « Et un, et deux et trois zéro ! » (car la France a battu le Brésil 3-0.)
3. L'avenue des Champs-Élysées

Chapitre 1

1. Vrai
2. Faux
3. Faux
4. Faux

Chapitre 2

1. a. perd 2-1
2. b. trois matches amicaux contre l'Irlande, l'Italie et les États-Unis
3. a. grand et démonstratif

Chapitre 3

1. Istra
2. Glebovski
3. Sotchi
4. Marseille

Chapitre 4

1. Lucas Hernandez
2. Antoine Griezmann
3. Benjamin Pavard

Chapitre 5

1. tournoi de Wimbledon
2. attaque redoutable
3. très rapides
4. Coupe du Monde

Chapitre 6

1. b. un état d'esprit
2. a. est blessé et il n'a pas joué
3. a. l'Uruguay

Chapitre 7

1. Le défenseur Samuel Umtiti
2. Thierry Henry (51 buts)
3. L'Atlético de Madrid

Chapitre 8

1. Faux
2. Vrai
3. Vrai
4. Vrai

Chapitre 9

1. b. que l'Afrique a gagné la Coupe du Monde
2. a. à Yaoundé, au Cameroun
3. c. a joué lors d'un seul match (Danemark vs France)

Chapitre 10

1. première Coupe du Monde
2. exploiter la vitesse
3. Aimé Jacquet

Chapitre 11

1. Non
2. Didier Deschamps
3. La vitesse
3. Trois seulement (Mario Zagallo, Frantz Beckenbauer et Didier Deschamps)